E. FRAIN

JOURNAL

DE

GUILLAUME LANGELIER

SIEUR DE LA MARTINAIS

écrit à Fougères

de 1643 a 1650

RENNES
J. PLIHON, Libraire-Éditeur
14, rue de la Visitation, 14

VITRÉ
Typ. LECUYER Frères, rue des Fossés
1884

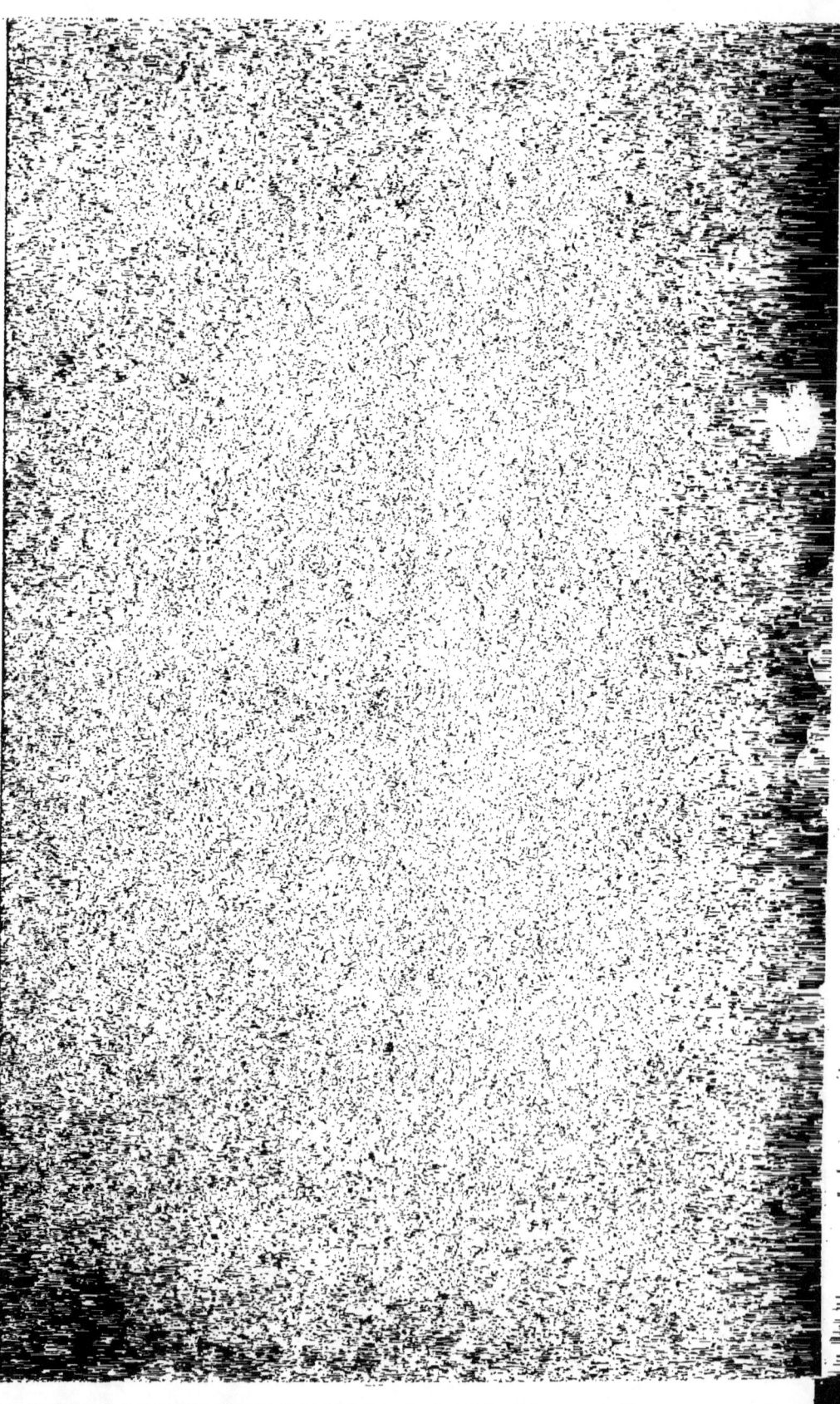

E. FRAIN

JOURNAL

DE

GUILLAUME LANGELIER

SIEUR DE LA MARTINAIS

écrit à Fougères

de 1643 à 1650.

RENNES
J. PLIHON. Libraire-Éditeur
14, rue de la Visitation, 14

VITRÉ
Typ. LÉCUYER Frères, rue des Fossés.
1884

JOURNAL

DE

GUILLAUME LANGELIER

Tiré à cent exemplaires.

I

C'est un bourgeois ; non de ceux qui ont coutume de réchauffer au soleil leurs paresseuses et égoistes personnes, ou d'aller à l'hôtel des trois Rois (1) noyer leur ennui au fond d'un pot de vin. Langelier lui, ne craint pas sa peine. Il va, vient, entreprend, réalise et compte.

Grâce à cette dernière et excellente habitude, nous avons sous la main une série d'indications intéressantes. Le Livre qui les contient est un in-folio couvert d'une feuille de velin enlevée à quelque antiphonaire hors de service. Il comprend 125 feuillets ; cent portent l'écriture de l'auteur, écriture tracée d'une main alerte et sûre d'elle-même. En tête de la plupart des rectos et versos, la Croix est figurée.

Sur la première garde se trouvent des demandes et réponses imprimées par nous

(1) Le Testament d'écuyer François Vivien sieur de Chéruel (26 fév. 1663) porte cette mention : que l'on paye à l'hoste des Trois-Roys de Fougères, six pistoles. (V. le Chev. de Pyrrhis p. 34.
C'est encore à la maison *ou pend l'enseigne des Trois Roys* que descend en 1665, Escuier Jacques Cholouais sieur de la Chauvignière, Garde du corps de Monsieur frère unique du Roi, lorsqu'il vient régler les conditions de son mariage avec Julienne Langelier fille du sieur de la Martynais.

naguère, mais qui n'auront point à souffrir d'une redite :

L'avarice a t'elle quelque vertu pour contrayre ?

Oui, la Justice et la Libéralité.

Quand est-ce quelle contrarye la justice ? — C'est, quand elle ne rend ce qu'elle doyt à autrui, par estre trop attachée aux richesses, quand on oste à son prochain ce qui luy appartient soit par larçin, rappine, uzure, ou aultre voye injuste.

Comme tout cela est suranné! car il est entendu, ami lecteur, que notre société contemporaine ne connaît pas d'avares, d'envieux, de jouisseurs, de voleurs de bien public ou privé.

Passons. Après cette déclaration de principes, il intitule comme suit :

PAPPIER de Guillaume LANGELIER
commençant ce 25 août 1643.

Et tout aussitôt, nous avons le nombre de ses enfants, leurs noms, la date de leur naissance.

« Ma fille Julienne Langelier nasquit au monde le huictième de Janvier, mil six cent quarante ; et eut pour parrain mon nepveu Jean Le Cocq sieur de la Maryais et pour marraine Julienne Hubaudière dame de Loazance ma belle-mère.

Jean *Le Cocq* habite en dehors des murs de Vitré un vieux manoir du quinzième siècle qui fut naguère la propriété des Cholet et des de Gennes. Au besoin, Langelier y trouvera bon gîte et le reste.

Julienne *Hubaudière* (1) descend de ligueurs, distingués par le Sénéchal de Rennes en 1590. Sa famille possède en Luitré, Parcé et paroisses limitrophes. Julienne a épousé Michel Foulgeré sieur de Loysance. Christophe Foulgeré issu de ce mariage le 25 août 1615, eut pour marraine Anne *des Vaux*. femme de Gabriel du *Bois le Houx*.

Encore des ligueurs que ces Bois le Houx et auteurs de gens vertueux. En voulez-vous une preuve ? écoutez : haut et puissant Gabriel du Bois le Houx, décédé le 9 novembre 1641 inhumé à Landigny (?) où il faisait sa résidence. 60 ans.

Vir simplex, rectus et timens Deum, non est inventus similis illi in pietate et aliis virtutibus in hac stirpe. (2)

---

(1) René de Servaude fils d'écuyer Antoine sieur de Villorée et de Marie *Hubaudière* baptisé le 16 février 1654 eut pour parrain René du Feu sieur de Placé. (Ext. des reg. de Parcé).

Les registres de Luitré mentionnent *Gilles Hubaudière* seigneur temporel de la Tullerye, et Perrine Hubaudière fille de Pierre et de Jeanne de Launay baptisée le 27 mars 1609.

(2) Très rarement accordés, ces brefs éloges gardent toute leur valeur. Les deux qui suivent sont également expressifs :

Guy René *de la Villette* seigneur dudit lieu, mort à la Branche le 28 avril 1751, âgé de soixante ans, au grand regret de tous les honnêtes gens et à la grande perte des pauvres, inhumé près la croix du cimetière, à l'opposite de M. *de Gennes*, recteur. (Ext. des reg. de Saint-Brice en Cogles, par l'abbé *Paris-Jallobert*.)

M. *de la Motte Hay*, gentilhomme sage et vertueux, grandement prudent et habile, décédé à Nantes en août 1626. (ext. des reg. du Pertre par le même.)

De pareils types se retrouvent dans le pays de Fougères; en voici un autre qui vaut encore la peine d'être cité: haut et puissant *René de Langan*, chevalier de l'ordre du Roy seigneur du Bois février décédé le 14 mars 1617, inhumé à Fleurigné, laissant sa femme, un fils et quatre filles non mariées. Il était *pater pauperum*, oculus cœcorum et fort élevé en piété.

N'allez pas au moins suspecter la sincérité du Chroniqueur; il vous servirait cette mention :

Sire *Thomas de Guemadeuc* (1) baron seigneur dudit lieu, Quebriac, Mué, Blossac, fut accusé de plusieurs actions atroces, criminelles et finalement convaincu, eut arrêt de mort et le jour de Messieurs Saint-Cosme et Damien qui était le 27e jour de septembre, an que l'on était 1617, le prédit seigneur eut la tête tranchée à Paris. Il était mari de dame *Jeanne de Ruellan* fille de Me du Rocher Portail. Fermons cette parenthèse et revenons à Langelier.

« Mon fils Jean-Baptiste Langelier nasquit au monde le quatorzième jour de novembre de l'an mil six cent quarante-et-un. Il a eu pour parrain *Jean-Baptiste Le Tanneur*, docteur

---

(1) En 1616, Guemadeuc disputait la préséance aux Etats de Bretagne au Baron de Nevet ; ils se rencontrent, Guemadeuc fort bien accompagné, l'autre quasi seul, mettent l'épée à la main et ledit baron y fut tué. La plupart de ceux qui se trouvaient avec le sieur de Guemadeuc, donnèrent chacun leur coup. (Richelieu et la monarchie absolue par le Vicomte d'*Avesnel* p. 83.)

en médecine mon nepveu, et pour marraine Olive Le Meignan dame du Lac.

Cette marraine nous est parfaitement inconnue. Était-elle fille, nièce ou cousine du Fondateur de Sainte-Anne la Bosserie Pierre *Le Meignan* sieur de la Jallonnière? affaire aux généalogistes Fougerais! Ils pourront également s'enquérir des talents et vertus de Jean-Baptiste Le Tanneur. Tirons outre!

« Ma fille Renée Langelier, nasquit au monde le premier jour de Janvier peu après minuit de l'an mil six cent quarante-trois; et a eu pour parrain mon beau-frère Christophe Foulgeré sieur de Loasance (c'est le filleul d'Anne des Vaux dame du Bois le Houx) et pour marraine Renée... d^e de la Pittoasière. »

« Le second jour de Juillet, jour de samedy et jour de la feste de la visitation de la Vierge, nasquit ma troisième fille sur deux heures du matin. Elle fut nommée par mon neveu Claude Langelier sieur de Levaré et par ma belle-sœur Julienne Foulgeré dame de La Denilière. Elle fut appelée Marie à raison du jour et feste de la Vierge.

Devant retrouver plus d'une fois ce sieur de Levaré, nous le laissons dans l'ombre pour nous incliner devant Julienne Foulgeré. La terre dont elle est Dame, se trouve en Luitré, à la porte du Bois le Houx, sur le terrain étendu au pied des hautes collines qui portent la Pèlerine et la Chapelle Janson. Elle est traversée par la voie romaine vulgairement nommée le Chemin Chasles. Dépendant de cette même terre et contigu audit chemin, un petit enclos planté s'est appelé de tout temps : *La Table au Roi.*

Julienne épousa Julien *Boismartel* sieur du Pré et maria sa fille Marguerite Boismartel à Ecuyer Louis Charles *Lasne* sieur de la Batardière.

« Le mercredi, premier jour de novembre 1645 jour de fête de la Toussaint, ma fille Nicolle naquit sur les deux à trois heures du matin. Elle fut baptisée le même jour et nommée par Pierre Foulgeré sieur du Plessix et par Demoiselle Nicole de la Jumelays dame des Dommaines. »

« Le jeudy, dernier jour du moys de febvrier mil six cent quarante-sept, nasquit au monde mon fils Thomas Langelier près les... du soir. Il fut baptisé en l'église de Saint-Léonard et fut nommé par noble homme *Thomas le Bigot sieur du Bois Chevalier* et par demoiselle Michelle Coulanges dame de la Tottinays, ma cousine; en thémoin de quoy, jay signé le présent.

LANGELIER.

Enfants, belle-mère, beaux-frères, belle-sœur, nepveux et cousine voilà un respectable et intéressant entourage. Guillaume le complète en jetant au travers ses comptes les indications suivantes : J'ay payé au sieur de la Roullière apothicaire des pauvres de l'hospital de Fougères, pour l'année que deffunt mon *beau-père* (Michel Foulgeré) *estoit administrateur*, la somme de quatre-vingt-dix livres : cy 90ˡ

Cette première note commence le recto du folio 2.

Le 7 août 1643, j'ay receu de *mon beau-frère Terronnière* la somme de 42 livres dont je luy ai baillé acquit, à valoir sur ce qu'il me doit. Ce beau-frère s'attire de Livré, pays bien connu de nos lecteurs et c'est un *Gallays*. Le registre des baptêmes de ladite paroisse contient en effet cette mention : Françoise Langelier fille de Guillaume sieur de la Martynais et de Jeanne Gallays baptisée le 11 octobre 1630. Marraine, Françoise *Beziel* dame du Rocher Pallet, d'où il ressort qu'en épousant une Foulgeré, Langelier convolait en secondes noces.

La mère de sa seconde femme fut inhumée le 23 juin 1645, il le note très sèchement et ajoute : J'ai envoyé à mon nepveu Levaré soixante sols six deniers le jour précédent *qu'il allait aux ordres au Mans.*

Au mois de may précédent, il avait écrit : le 27 mars 1645 j'ay envoyé à mon oncle La Butte la somme de cinquante livres pour une demi année eschue au commencement de mars du doirre de nostre belle-sœur de la Coulderaye.

L'oncle en question, est, parait-il, une autorité dans la Famille ; voyez plutôt : nous avons envoyé un messager à mon oncle La Butte pour le prier de la part de ma belle-mère de venir me trouver à Rennes, afin de nous assister de ses avis pour le jugement du procès.....

Encore deux nièces suivies d'un cousin et nous vous faisons grâce, ami lecteur.

« J'ay envoyé à ma nièpce Jeanne Langelier par la servante de ma nièce Le Tanneur soixante sous qu'elle envoya emprunter le 17 septembre 1645.

J'ay payé à mon cousin Le Doumaine d'Antrain la somme de cinquante-quatre livres seize souls pour payer à Mr de La Couldraye le vendredy 6 octobre 1645. »

II

Tout cela s'écrit dans la grande salle d'un logis situé rue du Devant, à Fougères. Langelier y compte plusieurs appartements, une cour, une escurie plus un jardin contre l'escarpe, près la douve. De ce logis, comme d'un centre, son activité rayonne. Nous l'avons dit : elle est fiévreuse. Songez donc : sur ses terres à moitié fruits, il construit, repare améliore. Non content de vendre ou échanger ses denrées agricoles, il mène de front le commerce de toile et celui du sel. Nous proposons au lecteur de se mettre en haleine, pour le suivre tout d'abord sur ses héritages. Le vent, parait-il, y a fait de bien mauvais coups. Il faut à Langelier de l'essante. On nomme ainsi des lames de chataignier fixées au toit à l'aide de lattes et de chevilles. Ce genre de couverture est encore fort usité aux environs de Fougères et dans le Maine. Le mille d'essante vaut aujourd'hui 16 et 17 francs; Langelier nous dira ce qu'il coutait au commencement du dix-septième siècle.

« Le 22 juillet 1645, j'ay reçu de Jeanne Guillaume, la somme de neuf livres à valoir sur ce qu'elle me doit pour la terre qu'elle tient de moy au village de la Coannerye; de plus elle m'a baillé *demy millier d'essante à cinquante sous*.

L'entier valait donc cinq livres.

Il note ailleurs :

En 1649 Michel Bouvet mon fermier de la Mazurie a démonté une vieille estable que j'avais à la Couannerie et l'a fait charoier à la Massurie; et la pierre d'un vieil four qu'il a aussy fait charroier dudit village. Il a remonté ladite estable qui estait de collombage au pignon de ma maison de la Massurie, a fait remassonner un coignage de cette maison qui estait tombé.

Pour lequel charroy et raccommodence, ma femme a cy devant baillé audit Bouvet pour 5 livres de grain; ils ont compté ma femme et lui pour le massonail du coinage de ladite maison . . . . 1ˡ ⁰ˢ

Pour le charroy de la pierre du four et les mairraines de l'étable. . . . . . . 3ˡ ⁰ˢ

Pour les vacations dudit Bouvet . . . 1ˡ 10ˢ

Pour demy mille d'essangle et du clou pour réparer. . . . . 2ˡ ,15ˢ

Sur quoy, ma femme luy a payé en grain la somme de cent souls, sans préjudice de ce que ledit Bouvet me doibt des termes passés.

Pour faire des réparations aux maisons de la Foulcheraye en clou et en cheville, il a dépensé : trente sous.

Mais le vent s'est permis d'autres incartades. Langelier en tournant ses champs a vu çà et là bien des pommiers par terre. Il faudra recourir aux pépinières et y faire de larges brêches. Promptement, il mande à sa femme d'acheter six paquets de surrets; auxquels viennent s'ajouter cinq autres paquets qu'il paie vingt-quatre sous.

Il ajoute :

J'ai payé à celui qui a planté lesdits surrets trente-et-un sols six deniers, sans comprendre *le cidre* pour quatre journées et demie.

J'ai payé deux journées qu'un homme a fait à sarcler pour la seconde fois la poupinière. Six journées d'homme. . . . . 42 sous.

De ces indications précises, il résulte qu'en 1646 la journée d'un travailleur valait 7 sous. Du chapitre des dépenses, passons à celui des recettes : Les étables regorgent, il convient de réaliser des bénéfices.

Le 8 octobre 1644, François Guillemoys a vendu deux genisses, *seize livres*. De plus, ledit jour il a vendu une pouliche à raison de *dix-sept livres*.

Le 1er d'août 1646, jour de la foire de Rillé, Julien ..... métaier de la petite Lentière a vendu une vieille vache la somme de *douze livres*.

Sur les produits agricoles et forestiers, Langelier continue à nous renseigner comme suit :

Pour un porc gras que j'ai acheté pour madame de Loizance ma belle-mère, *vingt livres*.

Pour deux cents de fagots, six livres huit sols.

Le samedy 27 août 1644, ma femme a acheté 37 demeaux de bled au prix de quarante-cinq sous et demi le boisseau, qui est en somme 42 livres six deniers.

Et plus loin, il écrit : le 25 septembre 1649 le froment noir fut vendu au marché de Fougères 44 sols le boisseau [1].

[1] Sous Louis XIII, le froment pur était une denrée de luxe. Il valait 13 livres huit sous le setier soit : 144 litres ou environ un hectolitre et demi. Un ouvrier gagnant sept sous par jour ne pouvait consommer cette denrée. Aujourd'hui, elle est accessible à tout le monde, par ce motif que les salaires ont augmenté dans une proportion beaucoup plus forte que le froment. (Consulter à cet égard, l'ouvrage du vicomte d'*Avesnel*, la monarchie absolue p. 161. 2e vol.)

La denrée, qu'un Breton ne saurait oublier, est l'objet de cette autre mention :

1644. J'ai fourny à François Esperon de la Couannerye deux tonneaux pour m'emplir de cidre, dont je n'ay eu qu'une pipe en l'année 1643. Le prix fait à 6 livres 10 sols. L'autre tonneau est demeuré chez ledit Esperon.

Ces tonneaux, il faut faire en sorte qu'ils soient solides et ne perdent aucune goutte de leur appréciable contenu. De là, ces moulles de cercles achetées à diverses reprises par Langelier.

Ma femme a payé 3 moulles de cercles. 2ˡ 08ˢ
Trois autres moulles ont couté 2ˡ 11ˢ

Pour mener à bien toutes ses affaires rurales, ne vous imaginez pas qu'il suffise à Langelier d'aller sur le haut du jour passer quelques heures sur ses propriétés. Le sol des champs ne brule pas les pieds aux hommes de son époque. A défaut d'une maison de retenue, ils ont à leur disposition une chambre haute, pourvue d'une large cheminée, garnie de lits, sièges, tables et armoires. C'est dire qu'il surveillent à loisir leurs semailles, leurs plantations, le filage de leurs chanvres, le blanchissage de leur fil.

III

Langelier qui a le goût des transactions commerciales, trouve en outre le temps d'acheter ici et là des pièces de toile qu'il entrepose en son logis de Fougères. Son journal nous tient au courant de ces opérations. Ses feuillets partagés en quatre colonnes contiennent les noms des vendeurs, l'aunage des pièces, le prix de l'aune, le total du prix d'acquisition. Voici, du reste, un specimen de cette disposition :

du 26 septembre 1643.

Julien Rousseau...	45 — 3	10^s 3^d	23^l 08^s 9^d
Mathurin Beauvais .	54 — 3	10 10	30 09 2
Guillaume Brodin. .	81 — 2	9 9	39 14 4
Pierre Taligot	78 — 1	10	39 2 6
Pasquier Boudry ..	68 —	10 6	35 12 6
Jean Mesnil	75 —	10 2	38 2 6
Jacques Fontaine..	56 — 2	10 2	28 15
Julien Quantin....	64 —	9 7	30 13 4
Pierre des Hayes ..	49 —	9 7	23 9 7
La ve Pierre Besnard	77 — 2	10	38 15
Nicolas Brouillerie .	70 — 3	9 10	34 16
Julien Le Febvre ..	80 — 2	10 6	42 6
Julien Pirron.....	70 — 3	10 35	7 6
Pierre Deshays ...	59 — 3	10 6	31 7 6
François Quinton ..	65 — 2	10 6	34 7 9
Michel Louaseau...	88 — 3	10 3	41 7 6
Julien Louaseau...	76 — 2	9 10	37 12 3
Jean Leudière.....	54 — 2	10 3	27 18 8
Jean Bahier	65 — 2	10	32 15
Noël Jannier.....	63 — 2	9 10	31 4 5
Olivier Jehannin...	64 — 3	11	35 12 3

Plusieurs de ces vendeurs ont eux-mêmes récolté, filé et tissé ; quelques-uns ont fait traiter par autrui leur récolte de chanvre. Parmi ces derniers, il faut sans doute ranger : Mr de Langottière et Mr de la Cherbonnelays. Le premier livre 59 aunes de toile à 10 sols 4 desniers l'aune; le second reçoit 31 livres, 7 sous, 10 deniers pour une pièce de 61 aunes. De ce nombre encore, M^r de La Daviays qui vend 76 aunes 40 livres, 5 sous, 7 deniers.

De 1643 à 1647, Langelier réunit 323 pièces de toile. Du 30 aoust au 23 décembre 1643, il expédie à Saint-Malo 37 pièces reparties en plusieurs charges; car tout cela voyage à dos de cheval ou de mulet. Trois, quatre pièces au plus font la charge.

« Le 30 aoust 1643, Grousset m'a mené les toiles ci-après :

    82 — 2
    71 — 2
    80
    80

Le samedy 6 décembre 1643, par le fils de Duboys, les cinq charges ci-après : Suit l'énumération de 16 pièces distinguées uniquement par leurs aunages. Du mois de janvier au mois d'avril 1644, 33 pièces prennent le même chemin. Les messagers ne manquent pas à Langelier : le 6 mars 1644, il envoie par Thomas Mignart du bourg de Saint-Marc le blanc une charge, et donne pour salaire trente-cinq sols, six deniers.

Grousset, qui précédemment lui avait mené deux charges, reçoit quatre livres douze sols; ce qui fait deux livres six sols par charge pour aller de Fougères à Saint-Malo.

Les envois subséquents se chiffrent comme suit :

de may à juillet 1644.	33 pièces.
d'octobre à décembre 1644	38 id.
de janvier à avril 1645.	44 id.
de may en septembre 1645	36 id.
en novembre 1645	11 id.
de février à août 1646	29 id.
de septembre à janvier 1647 . . .	11 id.
de janvier en avril 1647	31 id.
d'avril à septembre 1647.	17 id.
Avec les quantités précédemment énoncées, soit	70 id.
Nous obtenons.	320 pièces.

Arrivé à bon port, que devenait ce monceau de toiles?

Il était remis aux mains de certain Monsieur Le Blanc avec lequel Langelier compte de temps à autre.

Le 22 apvril 1644, écrit-il, j'ay procompté avec Mr Le Blanc de Saint-Malo pour les toiles ci-dessus et quatre pièces qui me restent à Foulgères, desquelles Pierre Grousset en a mené deux pièces ce 24 apvril qui contiennent
65
69 — 1

J'ay cédule pour 1500 livres du dit sieur Le Blanc.

Il dit ailleurs en parlant des toiles envoyées en octobre, novembre et décembre 1644 : les Toiles ci-dessus ont été vendues le 23 décembre 1644. J'ay été payé d'une partie, j'ay cédule de l'autre.

Une fois saisi des toiles de Langelier, Le Blanc en fait son affaire. Qu'il les embarque pour l'Espagne, pour les Indes, notre Fougerais n'en prend cure. Ce n'est pas là le commerce d'un Vitréen du même temps. Celui-ci participe à l'armement des navires, établit des comptoirs à Cadix, à Saint-Lucar et dans le nouveau monde, court en un mot avec ses marchandises les périls de la mer.

D'un esprit moins aventureux, mais tout aussi actif, Langelier fait de Saint-Malo son bout du monde et revient *at home* surveiller l'approvisionnement et le louage de sa salline.

« Le nombre de sel que j'ai acheté l'an 1644 se monte à 389 demeaux, lequel sel j'ai prêté à La Montaigne pour me le rendre à la Toussaint prochaine, en présence du sieur *de la Brimanière*, du sieur de Meguerin et de Loasil. — J'ay reçeu du dit sieur La Montaigne les trente livres promises pour le profit du sel qu'il me doit.

En marge est écrit :

J'ay d'employé pour 309 livres 10 sols, sans le louaige de la Saline.

Nous croyons devoir interpréter ainsi :

Langelier ayant un capital à utiliser fait ample provision de sel, dont il veut tirer profit, sans toutefois prendre l'embarras de vendre au détail. La Montaigne, mon ami, vous ferez cette dernière besogne ; jouissez de ma saline, vendez par demi livre, livre ou demeau, comme bon vous semblera ; mais à la Toussaint prochaine, rendez-moi mes 389 demeaux de sel ou l'argent qu'ils m'ont coûté, plus trente livres prélevées sur votre bénéfice ; car je souhaite que vous en fassiez. Si le contraire arrivait.....

Cette interprétation semble complétement justifiée par cet autre extrait :

Le Sieur de La Montaigne et moi avons fait marché pour mon sel. Je luy en ai presté le nombre de quatre cents démeaux, mesure à sel, que je lui ay baillés, lui mettant en main la clef de ma saline. Il me doit rendre les quatre cents démeaux de sel à la Toussaint prochaine et me donnera, pour profit et louaige de la dite saline, la somme de vingt livres en présence de M^r de La Brimanière ce 18 février 1646.

Langelier ne dit pas où il prend ce sel. Il note seulement le prix de la charge et mentionne ceux qui le lui amènent.

« Le vendredy 28 août 1643, j'ay receu deux charges de sel qui ont fait onze démeaux et demi et un seizième.

Le vendredy 2 septembre j'ay receu du dit

Cochet une charge qui a fait cinq demeaux et demi.

Le samedi 26 septembre, le dit Cochet et Jean Jean ont amené deux charges qui ont fait douze demeaux un quart.

La charge est donc de six démeaux. Voyons quel en est le prix.

Le mercredy 17 août 1644, Jean Douart m'a baillé deux charges de sel qui ont fait treize demeaux, de quoy j'ay payé quatre livres, quinze sols de la charge qui est. . . . . 9^l 10^s

Le 10 octobre 1644, j'ai acheté de Jean Blanchais de la paroisse *de Livré* dix charges fournies de gros sel, mesure de Fougères ; à raison de quatre livres quinze sols, en la présence du sieur de la Maison-Blanche et de Bussart. Nous voilà édifiés. Reste peut-être à savoir ce qu'il entend par charge fournie.

Le 17 octobre 1644, ma femme a receu de Jean Blanchais une *charge fournye* de quoi elle a payé quatre livres quinze sous. Or, en marge est écrit : *6 demeaux et demy.*

Avant de fermer le chapitre du commerce, parlons des monnaies reçues par Langelier en échange de ses marchandises. Que nous sommes loin du système décimal et de notre unité monétaire !

Dans le coffre-fort de notre Fougerais, vous trouverez les pistoles d'Italie, les escus de Flandre, les testons, les quarts d'écus, les réaux d'Espagne, l'escu d'or de France, les pièces de cinquante-huit sous, les quadruples, les escus soleil, les demy pistoles, les sous, les deniers, etc.

« On juge si la multiplicité de monnaies assez grossières en général, de provenance, de titre, de poids variant à l'infini, était favorable à la fraude. Des pièces de même nom, différaient de valeur selon leur pays d'origine. Le rapport de toutes ces pièces entre elles et avec les pièces françaises était difficile à établir. Il fallait, pour n'être point dupe dans un marché, opérer avec une balance d'une main et un tableau comparatif de l'autre. »

Langelier va se charger de confirmer la justesse de ces assertions :

« J'ay reçeu par Breget trois cent une livres le 11 mars 1644. Ils me mandaient de Saint-Malo, monnoyer jusqu'à la somme de 305 livres, mais il y avait des testons légers et des cars d'escus qui devaient être à vingt-et-un sols, lesquels n'en étaient pas. C'est pourquoi il y avait quatre livres de perte et je n'ay reçeu que les 301 livres cy-dessus.

Sur une cédule de 1500 livres que je porte sur Monsieur Le Blanc, j'ay reçeu par une part vingt marcs d'argent d'Espaigne (500^l 17^s). Il y avait bien une once de tare.

Le 13 août 1644, j'ay reçeu par Breget 300 livres en argent léger. Il y avait une once moins de douze marcqs d'argent d'Espaigne.

J'ay en outre reçeu par Breget la somme

de trois cents livres, mais Mademoiselle Le Blanc ne monnoya pour fortifier 23 pistoles d'Italie que cent-quatre sous où il fallait neuf livres quatre sous pour être à dix livres pièce; au reste qu'il y a quelques escus de Flandre pour demy pistoles d'Italie, et sans comprendre le déchet d'iceux, je n'ay reçeu pour cet article que 296 livres.

Le samedy 24 novembre 1646, j'ay presté à Mr du Bois Chevalier six gros et un grain d'escus d'or, valant 34 livres 19 sous. »

L'emploi de la balance paraissant parfaitement justifié, cherchons les éléments du tableau comparatif qui dut servir à Langelier.

PISTOLE

Le quinze octobre 1646, j'ay baillé à Jean Piel, une pistole valant *dix livres*.

RÉAUX

Le 13 janvier 1647, Mr de la Brimanière m'a presté 25 réaux d'Espagne à *2 livres 18 sols pièce*.

Payé à Mr de Launay Hornille un réau de 58 sols.

QUART D'ESCU

Pour les affaires du sieur Boullay que M^r de La Mulonnays mon procureur au siége a suivies, je lui ai payé par une fois *une pièce de 58 sous*; par l'autre *2 quarts* d'escu valant *42 sous*, qui fait en tout cent sous.

J'ay presté au sieur de la Fauveltière Maignan une pièce de 58 sous et par autre part un *quart d'écu* de *vingt* et *un sol*.

TESTON

Le 29 octobre 1646, j'ai prêté un teston *de 19 sols, six deniers* à Mr de la Brimanière.

Pour retirer le Monitoire du Curé Mr de Beaucé, il m'a cousté un teston (19^s 6^d).

PISTOLE D'ITALIE

Le samedi 23 septembre 1645 j'ai presté à Jean Huhay voiturier, une pistole d'Italie et demy quart d'escu le tout valant dix livres deux sous, pour aider à faire le paiement d'un cheval.

Nous savons que le quart d'écu vaut vingt-et-un sols. Le demi quart égale dix sols six deniers. Retranchez cette somme de dix livres, deux sols. Vous aurez la pistole d'Italie.

LOUIS

Le 27 may 1645, madame de Louasance a reçu de son métaier au lieu du Tail, la somme de *vingt livres* en *un double louis*.

ESCU D'OR

J'ay payé à notre procureur à la Cour un

escu d'or; pour le port et en lettres *cent sept sous*.

Le port de ses lettres lui coûtant ordinairement six sols, l'escu d'or valait sans doute cinq livres.

IV

S'il est des gens que le moindre embarras effraye et terrasse, il en est d'autres qui se plaisent au tourbillon des affaires et vaillamment lui tiennent tête. D'ores et déjà, le lecteur sait en quel camp, Langelier doit être rangé. Son opinion à cet égard, ne sera pas ébranlée par le chapitre suivant.

Qui Terre a, guerre a! Langelier éprouve la vérité du proverbe. Il est continuellement en guerre, c'est-à-dire en procès; procès devant les juridictions inférieures, devant la Sénéchaussée de Fougères, devant la Cour; il suffit à tout, vous le verrez courir à droite à gauche, ici s'accommoder, là stimuler ses procureurs et avocats, ailleurs chercher à amadouer un adversaire victorieux.

Allons, en croupe derrière lui! et faisons notre profit de nombreuses et curieuses remarques. « Pour le voyage que j'ai fait à

Saint-Ellier où je menai avec moy Monsieur de Méguérin, pour tâcher à nous accorder avec Madame de la Berengerye, dont j'ai payé tant pour notre déjeuner que pour notre dîner à Saint-Ellier pour nous et nos chevaux. 2 livres, 18 sous.

Pour un voyage que j'ai fait à Rennes, j'allay coucher à Saint-Aubin où je payai pour moy et la nourriture de mon cheval une livre, douze sols.

Les chemins n'étaient pas beaux en 1643. Langelier y trouvait des pentes raides que les eaux ravinaient profondément, où les cailloux roulants abondaient, une forêt que notre plaideur ne tenait pas à traverser à la nuit tombante, les escus serrés dans sa ceinture n'estant pas destinés aux coupe-jarrets.

Arrivé à Rennes, vite chez les procureurs, et comme il faut être honnête, la visite se corse d'une invitation à déjeuner. « Pour avoir donné à desjeuner à nostre procureur de la Cour et à celuy du Siège, j'ay payé quarante-cinq sols. »

Le moyen de ne pas prendre les intérêts de cet aimable amphytrion!

« J'ay envoyé un couple de Chappons à notre procureur de la Cour dont j'ay payé, tant pour iceux que pour le port, une livre.

Pour deux couples de chappons que j'ay envoyés à Monsieur du Moullinet Le Bel, nostre advocat et pour le port d'iceux payé trois livres, neuf sous.

Ma femme a envoyé des chastaines à notre Procureur de la Cour, de quoy elle a payé en port, quinze sols. » Et les gens de s'employer si bien que le procès fut gagné.

Je suis allé à Rennes pour faire juger le procès contre Madame du Parc (1) dont nous avons eu arrest à notre advantaige. J'ay été 15 jours en voyage.

Une autre fois, il triomphe devant la cour de Fougères et écrit :

Le jour que fut prononcée notre sentence contre ledit Hubaudière, j'ay présenté une petite collation à Monsieur le Sénéchal, en le remerciant de sa bonne justice, en la présence de quelques autres messieurs, dont il m'a coûté trois livres, dix-sept sous.

Déjeuners, diners, collation, tout cela joue un grand rôle dans les rapports de Langelier avec les gens de robe. Il fait si bon parler affaires entre la poire et le fromage et souvent une pinthe de vin de clairet suffit à tout éclaircir.

J'ay payé estant à Parcé lors de notre main levée de la succession de défunt Galtière soixante-cinq sous pour le *disner des officiers* et trois réaux de 58 pièces l'un, scavoir un

---

(1) J'ay envoyé à Monsieur de Launay Hornille un Coq d'Inde en reconnaissance de l'assistance qu'il nous a faict à Rennes au procès de Madame du Parc. Il a coûté 5 sols pour le port et 35 sous qu'il valait au moins.

à l'alloué, l'autre au Procureur fiscal et l'autre au greffier, plus j'ay payé *quatre sous pour deux pots de cittre*, et deux sous pour nos chevaux.

Estant de retour à la Croix Blanche, j'ay payé *six sols pour pinthe de vin*, plus j'ay payé en dépense au greffier, pour l'exploit que j'ay retiré comme nous estions présents pour avoir notre diste main levée, sept sous. Somme toute, pour cet article, j'ay payé douze livres dix-huit sols.

M' le Lieutenant me donna ce qui lui appartenait pour la reconnaissance qui fut faite de la quittance de M' du Bois Guy, à son logix par quatre témoins, qui était 32 sols qui lui appartenaient. J'ay fait dépense avec M' le Procureur du Roy, l'un de nos experts et M' de Chasteloger 29 sous que j'ay payés et un pot de vin que j'ay présenté à M' le Lieutenant.

Mais ne nous attardons pas davantage. Avec cet intrépide plaideur, point de temps à perdre et beaucoup de choses encore à apprendre.

Combien faut-il payer pour faire comparaître et interroger des témoins? Que coûte une consultation d'avocat dans la première moitié du 17e siècle?

« J'ay fait interroger quatre témoins par la Cour de Fougères pour ravoir le payment d'un cheval, pour lesquels j'ay payé à M' le Lieutenant qui les a interrogés, *trente-deux sols*.

J'ay payé aussi *les journées* à deux des dits

témoins quinze sous et demy.

Pour avoir consulté Mr de la Pichonnays, avocat, tant pour l'affaire de madame du Parc que pour madame de Vendel, treize sols, six deniers.

Il écrit ailleurs : j'ay payé *vingt-cinq sols* pour avoir consulté Mr du Plessix Tremaudan, advocat. »

Les lois autorisant la contrainte par corps, Langelier ne se prive pas d'emprisonner ou de faire emprisonner ses débiteurs.

« Le vendredy, cinquième jour de décembre 1643, pour avoir fait mettre prisonnier Jean Hubaudière, j'ay payé au geolier dix sols; j'ay payé au sieur La Garenne, sergent, cinquante sous et *une quarabine à feusil* que je luy ai baillée pour neuf livres dix sols. Il me doit dresser un procès verbal des perquisitions qu'il a faictes du dit Hubaudière et de son emprisonnement.

S'il prend les autres, il est pris à son tour, témoin cette toute petite note, trouvée au bas d'un de ses versos. 1644. J'ay été arresté prisonnier en cette ville de Fougères.

Qu'est-ce là ?

Pour les hommes de ce temps, une légère disgrâce. Le nôtre s'en console en allant avec ses deux beaux-frères à la conduite d'Adam Tuemoyne, lorsqu'il fut conduit à son appel à Rennes.

Tous ces voyages se font à pied ou à cheval;

pas d'autres ressources. Cette époque ne connaît pas les voitures suspendues et qui se mettrait en charrette par de pareils chemins s'exposerait à arriver meurtri ou disloqué. La plupart du temps, Langelier loue des chevaux qu'il paie 14, 20 sous la journée, suivant la course.

A Saint-Malo, à Rennes, à Antrain, il descend aux bons endroits : à *la Licorne,* au *Dauphin,* au *Bœuf couronné.*

A Vitré, son neveu Le Cocq est toujours disposé à lui faire fête ; mais à ce dernier gîte pas plus qu'ailleurs, il ne vient pour se répandre en effusions familiales. Les affaires seules l'y amènent et ramènent.

Le dimanche 30 Juillet 1645, nous sommes allés à Vitré mon frère Loysance et moy suivant le mandement de madame de Vendel, pour être à la distribution qui se debvait faire aux créditeurs de deffunt Mr du Bois le Houx. L'assignation fut manquée, d'autant que les héritiers du dit deffunt ne se trouvèrent d'accord et pour ce qui estait de notre deu, l'on nous remins jusque avoir veu si nous debvions quelques rentes à la dite seigneurie du Bois le Houx, afin de faire compensation si nous en debvions.

Le Jeudy matin dernier jour de novembre 1645, je suis allé à Vitré suivant la rescription de mon neveu Maryaie où j'ai présenté requête afin d'avoir commission rogatoire pour faire ouir des témoins *pour avoir le paiement du cheval que deffunt Mr du Bois le Houx fit prendre à la Denillère.*

Notre homme s'attarde parfois en ses courses. Il a tant à dire, et les petites collations aux procureurs et autres officiers, se prolongent tellement! bref, les portes de Fougères sont fermées lorsqu'il arrive. Restent deux partis à prendre : ou bien mettre le portier à la raison au moyen de quelque gratification, ou s'en aller au faubourg souper et coucher à la Croix Blanche.

Mais voici une toute autre aventure. En may 1648, un mercredi, il arrive à Rennes. « Le vendredy en suivant, mon cheval fut exécuté à requête de maître Jean L'évesque sieur des Haies, par Busnel huissier. Nicolas Follet, hoste *au Dauphin,* s'en rendit adjudicataire à la somme de 208 livres 75 sous. Voyez-vous la figure du Fougerais obligé d'emprunter pour rendre les 208 livres, de payer intérêts, frais, etc. ?

V

S'il a de nombreux adversaires, avouons du moins qu'il compte de loyaux amis. Entre tous, citons ce sieur de la Brimanière, toujours prêt à lui venir en aide, voiturant gratis les marchandises de son compère, courant à Saint-Anne de Buais et ailleurs pour lui decouvrir certaines affaires....

Ces bons amis, Langelier les choit et il a raison ; les petits cadeaux ont de tout temps entretenu l'amitié.

« J'ay fait présent à un gentilhomme d'une graile d'olives et d'un pain de sucre qui ont coûté quatre livres un sol. Le journal ne dit pas que le Gentilhomme ait fait le dédaigneux.

J'ay donné deux pains de sucre à Mr de Chasteloger et à Mr de la Pichonnays, mes advocats, qui ont coûté quatre livres quatre sols.

A cheval sur ses droits, il sait se montrer obligeant. Ainsi prêtera-t-il volontiers à ses parents, à ses amis, à ses fermiers ; et pour preuve :

J'ay presté à Mr de Chasteloger demy marcq de teston, pour douze livres 8 sols 6 deniers.

Le jour de la Foire de la Madeleine 1645, j'ay presté à Jean le Marié la somme de dix livres pour payer les espices du procès qu'il avait à Ernée, en présence du métaier de la Lentière.

Le 18 novembre 1645, j'ay presté à Julien du Foulgeré, métaier à la Lentière, la somme de quinze livres, quelle somme il porta au Maine pour faire un paiment à un homme à qui il devait de l'argent.

Le 15 octobre 1645, j'ay presté à Jean Piel, du villaige de la Denillère, la somme de dix livres.

Beaucoup de ces emprunteurs ne sachant pas écrire, la plupart des prêts se font sur parole devant témoins, et la parole, paraît-t-il, est d'or; du moins le journal ne relate aucun parjure. Avec ses fermiers, Langelier patiente de façon qu'ils aient le temps de réparer leurs pertes. Il leur confie ses enfants en bas âge.

Le 15 août 1646, j'ay baillé acquit à Michel Bouvet de la Massurye, de la somme de 115 livres 4 sous, tant en argent qu'il nous a payé à ma femme et à moi, que *pour la nourriture de nos deux enfants,* à raison de 25 mois de pension que pour un millier d'essante.

Si quelque parent, ami ou compatriote réclame l'aide de Langelier, nous le voyons répondre à l'appel et s'employer de son mieux.

« Ma femme a fait un voyage à Vitré pour y trouver le sieur Jean Josse, pour le disposer à une accomodation avec Mr de Loasance. Le dit Josse était à Rennes.

J'ay fait deux voyages au dit Vitré par l'ordre de mon frère Loazance : le premier, j'allais seul et fut trois jours; le second, le dit sieur de Loazance vint avec moy, le tout à dessein d'accorder avec le sieur Josse, ce que nous ne pusme faire. »

M^r le Tanneur vient à mourir. La fille du défunt charge Langelier de régler toutes choses; et celui-ci de noter les particularités suivantes :

« J'ay payé pour ma nièpce le Tanneur, la

somme de dix-sept livres 4 sous au sieur de *la Barre Jaquetet trésorier* suivant sa quittance que j'en ai ici. De plus, j'ay payé le jour de l'enterrement de deffunt Mʳ le Tanneur, à Gilles le Breton, *pour son vin à l'issue de l'enterrement,* quatorze sous et demi.

Pour ma niepce le Tanneur à l'hoste de la Croix Blanche pour *un pot de vin cleret dix sous* et *pour deux plats de poisson,* vingt-huit sous; fut pour donner à disner aux PP. Recollets et au médecin Mʳ du Plessix, lors de la maladie de deffunt Mʳ Le Tanneur.

De plus, j'ay donné au serviteur de Mʳ du Plessix de Pontorson médecin, une pièce de 29 sous, attendu que son maître ne voulut point prendre d'argent, lorsqu'il vint veoir Mʳ Letanneur.

Pour cinq messes *de quinque plagis* j'ay payé le jour du décès du feu sieur Le Tanneur, cinquante sous. Il en est dû encore *une de la Résurrection.*

VI

Avant de fermer le journal de Langelier, il nous semble nécessaire de chercher les réponses à ces deux questions:

Guillaume ordonna-t-il sa vie suivant les principes émis à la première page de son mémorial ?

En proie à une foule d'affaires, menant la vie terriblement pratique que nous savons, trouva-t-il le temps de songer au par delà ?

Laissons la parole à qui de droit.

« Ma femme sera advertie en cas que je ne pourrais donner ordre à mes affaires, de s'enquérir si les héritiers de défunt Guillaume Gontier de Livré, s'ils ont été remboursés de défunt Pierre Poullard sieur de Laillerye des sommes de déniers que je leur ay fait payer et de ce qu'ils n'auront esté remboursés, il fault leur rendre, parce que je leur avais donné ordre de délivrer audit Poullard la somme de soixante livres et quelques intérêts pour me la faire tenir ; quelle somme il reçut mais ne la paya pas à l'entier et je poursuivis lesdits héritiers que je fis payer. Je crois qu'il me restait quinze ou seize livres qu'il fauldroit leur restituer s'ils n'ont été remboursés, sauf à s'enquérir soigneusement de cette affaire.

LANGELIER.

Maître Mathieu Rousseau, prêtre de la paroisse de Brecé au pays du Maine, a commencé un annuel pour moy en l'église de la dicte paroisse au commencement du moys de juillet 1643 ; et me doibt en outre dire une messe à l'autel privilégié de la dite paroisse, le premier lundy de chaque mois. »

Et c'est tout ! De l'avénement de Louis XIV,

de la Fronde, pas un traître mot; des affaires locales, pas davantage.

Il est vrai que Langelier avait un vieux papier auquel il fait de fréquentes allusions et là, il aura pu coucher ses impressions sur le malheur des temps. Mais bast! à le bien examiner, il n'était point grand politique et les idées générales ne lui troublaient pas la cervelle. Tenir sa maison sur un bon pied, laisser à ses enfants un honnête patrimoine, les marier à d'honnêtes gens, (1) voilà son

(1) Des nombreux enfants de Langelier, 2 seuls vinrent à partage savoir : N. H. J.-B. Langelier et Julienne Langelier femme d'écuyer Jacques Cholouais. Une Marie Langelier épousa René Le Corvaisier fils ainé de Julien sieur de la Courgelée et d'Anne Pelet. Était-ce une fille de Jean-Baptiste ?.....
En leur pays d'origine, les Cholouais avaient depuis longtemps conquis l'estime et la notoriété. Le 29 octobre 1621, Jacques *du Vauborel* sieur de Montfriloux et François du Vauborel sieur de la Vallée ont contestation et paraissent devant le lieutenant civil et criminel du Bailli de Mortain écuyer Jean-Baptiste Poullain.
Le premier prend pour avocat Michel *Choloix* et pour arbitre André *Choloix*. Suivant l'advis de M* *Jean Advenel* écuier sieur de la Cordoisière lieutenant au baillage, d'Estienne de *Vaufleury* écuier, procureur du Roi, M* Michel *de Lespine* écuier, Jacob de *Lossandière*, Jacques *Couppel*, tous advocats postulants au baillage, ledit Jacques du Vauborel obtint sentence favorable (Ext. des Arch. de M* G. *Rouilly* arrière-petit fils de René *du Vauborel* major d'infanterie, chevalier de Saint-Louis).
Ces mêmes archives nous permettent de croire à l'*origine Normande* de Langelier. Par son journal, nous savons qu'il eut de nombreuses affaires, sur les marchés normandes, à Sainte-Anne de Buays, au Tilleul, à Brecé commune du Maine, non loin du Passais ; or les titres des Vauborel, nous ont offert tout un clan de Langelier establi dans les communes limitrophes du Maine. L'an 1596 *Gilles Langelier prêtre*, Michel Langelier sieur de la Barre, André Langelier signent comme témoins de transactions passées devant notaire.
Un acte de 1567 se termine par cette mention : « L'an 1567 le premier jour de décembre, le présent contrat a été leu par moy Pierre Guill... sergent royal, à l'issue de la grande messe paroissiale de *Virey*, en présence des personnes cy-après dénommées scavoir est : M* Mathurin LANGELIER, H. H. Yves LANGELIER, Gilles LANGELIER etc. »

unique et constante préoccupation.

Pour lui, les mauvaises routes, les lourds véhicules; pas de système décimal, ni télégraphes, ni voies ferrées...

Dans ces conditions désavantageuses, il lutte à longueur de jours et parait content de son sort.

Allons, c'est un crétin! Il devait bavarder, se plaindre du présent, blâmer le passé et appeler de tous ses vœux un changement de gouvernement.

INDEX

DES

NOMS DE PERSONNES

CITÉS

PAR LANGELIER.

A. B.

ANDIGNÉ DE LA CHASSE D'. « Avril 1643. Un gentilhomme m'a donné accès auprès de Monsieur de la Chasse d'Andigné, notre rapporteur. »

BAILLEUL. « Reçeu de Don Michel Bailleul, prêtre de la paroisse de Livré, la somme de deux livres sept sous, dont il y a deux acquits du même jour; mais au dernier est compris le premier: le tout à valoir sur ce qu'il me doibt.

BANNIER LE. Conduit à Saint-Malo les toiles de Langelier.

BARIN. Membre du Parlement Breton.

BAUDRIER. *Sergent.*

BAZILLON DE LA ROCHELLE. Le 4 septembre 1645, je suis allé à Rennes avec Mʳ de la Rochelle Bazillon suivant les rescriptions de Monsieur de Launay Hornille et de notre procureur Mʳ de La Minguière, pour solliciter le procès de l'appelé Adam Tuemoigne.

BAZILLAYS. « Le jour Saint-Marc 25 avril 1644, payé à la fille de Bazillays la somme de six livres, six sous, sans comprendre les autres paiements que je lui ai faits pour la pension de mon fils. De plus, le samedi vigile de Pâques fleurie, j'ay payé au dit Bazillays soixante sous.

BEAUGEARD.

BEAUGENDRE. « J'ay payé à Julienne Beaugendre pour sa journée lorsqu'elle fut confrontée à Jean Hubaudière. vingt sols. »

BEAUVAIS. Notaire.

BEL DU MOULLINET LE. Voir notre texte. P. 27.

BELLERYE DE LA. « Je n'ay point compté avec le sieur de la Bellerye pour le dîner de 5 experts et de notre prooureur. »

BERENGERYE DE LA. P. 17.

BERTIN. Notaire.

BESCHU. De Vitré.

BESNARD. P. 17.

BESNERAYS DE LA, armurier à Livré. Il fabrique un pistolet pour le sieur de la Brimannière. Langelier lui a confié une placque de fusil, façon du Maine et un canon de 4 pieds.

BLANC LE. P. 19.

BLANCHAYS. P. 22.

BOISBAUDY DU.

BOISBESNIER DE LA TOUCHE.

BOISCHEVALIER DU. (Le Bigot) P. 10.

BOISGODÉ DU. « Payé à Mr du Boisgodé pour reste du paiement d'une pipe de vin Breton, que luy devait deffunt notre beau-frère dix-neuf livres neuf sous.

BOISGUY DU. (De Gaulay) V. *Mœurs et Coutumes des Familles Bretonnes.* T. I. P. 47.

BOISHY.

BOIS LE HOUX. P. 7. Plusieurs de cette famille furent chevaliers de Saint-Michel. (Voir les *Chevaliers de Saint-Michel*, par M. DE CARNÉ, P. 34. Lire dans le même ouvrage l'article Guémadeuc ; on y trouvera des détails intéressants sur la rébellion de ce grand seigneur.

BOISMARTEL DU PRÉ. P. 10.

BONHOMME.

BOUÉTARDIÈRE DE LA. « J'ay retiré des actes du sieur de la Bouétardière pour mon dit frère. »

BOULLAY DE LA MINGUIÈRE.

BOURDAY.

BOURDONNAY DE LA. « J'avais cy devant délivré une sentence contre le sieur de la Bourdonnay. »

BOUVET. P. 13.

BOYVENT DE LA FOULCHERAYE. « Pour la pension de mon fils Thomas, ma femme a baillé audit Boyvent 2 boiss. de bled à 38 sols le boisseau. »

BOYVENT DU TAIL.

BRAION.

BRANCHE DE LA. « J'ay baillé à Mlle de la Branche pour ma nièce de la Foulcheraye, cinquante sous.

BREGET. « J'ay receu de Saint-Malo par le sieur Breget la somme de trois cents livres, cent sols. »

BRETTON LE. « J'ay payé en dépense chez Gilles Le Bretton avec nos arpenteurs vingt-et-un sols. »

BRILLET.

BRIMANNIÈRE LE PAYS DE LA. P. 21.

BRINDEL DU PLESSIX.

BRIÈRE DE LA.

BRUSLERAYE DE LA. « Après la confrontation des sieurs de la Brusleraye et de la Brimanière, j'ay payé à la Tour dix-neuf sols. »

BUTTE DE LA. P. 11.

BUSSART. P. 22.

C.

CALLEBOTTIÈRE DE LA. J'ay payé à Mr de la Callebottière, prestre, pour les messes qu'il a célébrées, tant luy que Monsieur Larcher, la somme de dix livres dix sous pour trente messes à raison de sept sous la messe.

CARGAIN DES ROCHES DE.

CHAMPAYE.

CHARBONNELAYS LE PELLÉ DE LA. P. 18.

CHARBONNIÈRE DE LA. « J'ay payé au sieur de la Charbonnière, pour l'assistance qu'il nous a fait, pour avoir notre main levée par Mué, pour la succession Galtière, *tant en présents* qu'en dépense, quarante-huit sous. »

CHASTELAYE.

CHASTELOGER LE MERCEREL DE. Cette famille a produit un page du Roi en 1746, un chef d'escadre en 1761, un maréchal de camp en 1788. (P. DE COURCY).

CHOISELIÈRE DE LA.

CHESNAY DU.

COCHERIE.

COCHET.   P. 22.

COGNET.

CONSTANTIN. Conseiller au Parlement.

COCQ LE.

COSNET.   « J'ay presté à Jean Cosnet de la Denillère 10 livres en présence de son frère le 12 janvier 1647. »

COUGÉ.   « Reçu par la Fontaine Cougé la somme de cent cinquante livres. »

COURYE DE LA.

CULLEROT. « J'ay payé à Mr de la Fauvelaye Cullerot quarante sous et six sous en pinthe de vin. »

D.

DAION LA TOUCHE.

DANGERS DU FRESNE. « J'ay payé à Mr du Fresne dangers vingt et huit livres pour mon neveu Levaré, quelle somme ma niepce Le Tanneur m'a prié de payer. »

DENIEL.

DOUARD DE LA MORINAYS.

DOUARD. P. 22.

DOUMAINE LE. P. 12.

DUBOYS. P. 18.

DURAND DE LA MARTINIÈRE.

E.

ESPRON. P. 16.

F.

FAUVELAYE DE LA.

FAVERAY. « J'ay payé à Faveray charpentier 3 réaux de 58 sols pièce à valoir sur 13 livres à quoy j'ai marchandé pour les réparations du logix de la ville de Mr de Launay. »

FEBVRE LE.

FERRON. (missire Julien).

FRABOTTIÈRE DE LA. « J'ay payé à un messager que j'ay envoyé à Mʳ de la Frabottière à Saint-Ellier dix sols et demi. »

FRANÇOIS LE.

FRETTAY.

FRISTEAU.

FOULGERAY.

FOULGERÉ. P. 7.

FOURNIER. « Pour avoir fait célébrer des messes aux jours que Messieurs entrèrent sur le jugement du procès, payé vingt sols sans comprendre celle que M. Fournier a dites. »

G.

GALLACHÈRE DE LA. Greffier de la juridiction de Rillé.

GALTIÈRE. P. 28.

GARANCHER.

GARANNE DE LA. Sergent. P. 30.

GARNIER. Ce 2 décembre 1643, reçu de Georgine Garnier dix livres, quelle debvoit pour demi année du louage qu'elle tient de ma belle-mère, échue à la Toussaint dernière, de laquelle somme je dois tenir compte à ma belle-mère.

GASNIER. « J'ay fait copier une sentence que m'avait prestée le sieur Gasnier. »

GAULTIER.

GEHANNIÈRE DE LA. Greffier du Bois le Houx.

GENDRIL DU. « J'ay payé à Mr du Gendril 14 sols et demi pour faire signifier une requête. »

GEORGET.

GEORGETTIÈRE DE LA. « Ce 18 juillet 1644, j'ay reçeu en l'acquit de Mr de la Georgettière. la somme de vingt-et-une livres dix-huit sols; quelle somme est à valoir sur le plant que je lui ai vendu. Il avait envoyé trente livres; mais ma femme a renvoyé un escu d'or et un réau de cinquante-huit sous qui estoient légers; partant, il me doit de reste huit livres deux sols. J'ai été payé à l'entier, il n'a point eu d'acquit. »

GÉRARD.

GÉRARDIÈRE (de Laval).

GIRRON.

GOBERYE.

GODERYE.

GODIN SAMSON. « Envoyé à Saint-Malo par Samson Godin 2 tiers de charge, janvier 1644 ».

GONTIER.

GOUDEL.

GOURDON.

GRAFFART.

GRIMAUDAYE DE LA. Notaire à Livré.

GROSSET.

GROULT DE LA VILLE-NOUVEAUX. Sénéchal de Fougères en 1640.

GROUSSET. p. 18.

GUIBARDIÈRE.

GUILLARD DE LA MULLONAYE.

GUILLAUME.

GUILLEMOYS.

H.

HUBAUDIÈRE DE LOASANCE.

HUHAY.

HERVOIN. « 3 août 1644, j'ay reçu par les mains de Hervoin en l'acquit de Cochet de Livré la somme de 26 livres. »

HORNILLE.

HAYE SAINT-HILAIRE DE LA. Je suis allé chez Monsieur de la Haye Saint-Hilaire, auquel j'ay payé la rente de la somme de 1500 livres, restant de plus grande somme que debvoit deffunt Mr de Loasence à Mr de G..... qui est 93 livres 15 sous de quoy je n'ay acquit, pas plus que des années précédentes que j'ay payé la rente de 1800 livres que se montait l'obligation de Mr de Loazance.

HAMEAU DU VERGER.

HODOUIN.

J.

JACQUETEL. Procureur et trésorier. p. 35.

JAMONT.

JARDIÈRE DE LA. Julien Tréhu député aux États de Bretagne en 1638.

JARRY DE LA TOUCHE. D'Antrain.

JAVELOYE DE LA.

JOSSE. p. 34.

L.

LABÉ.

LAMY DE LA VASSELAYS.

LANDELLES DES. Greffier.

LANGELIER DE LEVARÉ. p. 9. 11.

LASNIER. sieur de la Maison-Neuve.

LAUMONDIÈRE DE. « Reçeu de Mr de Laumondière la somme de 291 livres en l'acquit du sieur le Blanc. »

LAUNAY DE. Pour avoir fait tondre les buis du jardin dudit sieur de Launay et pour avoir fait sarcler sa pépinière, il y a six journées d'hommes pour lesquelles. j'ai payé quarante-deux sols.

LENTIÈRE DE LA.

LEVESQUE.

LISLE DE.

LISLELLE DE.

LHUISSIER. Prêtre. Le 18 décembre 1645. j'ay reçeu par les mains de Monsieur Lhuissier prêtre. la somme de six livres à valoir sur ce que Monsieur du Petit Boys et femme Doibvent.

LOGEAIS.

LONGLE.

LORIEUL.

LOROUX DU. « Ni le Blanc m'a envoyé trois cents livres. ainsi que ledit le Blanc m'a mandé ; mais il s'est trouvé en réaux et demi quarts d'écus. testons et pièce de treize légers. qu'il m'avait envoyés pour de poids. trente-huit sous de perte. oultre un quart d'escu qui est faux. Partant. je n'ay reçeu que 297 livres deux sols. »

LOUILLÉ.

M.

MAIGNAN. P. 9.

MAIGNANNE DE LA. Membre du Parlement Breton.

MAISON BLANCHE DE LA.

MAISON NEUVE CADOR. Notaire.

MALNOE DE.

MANSELLIÈRE DE LA.

MARCHANT LE. Sieur de la Daviais député aux États de Bretagne en 1623.

MAREST.

MARIÉ LE.

MARTIN. Prêtre.

MARTINIÈRE DE LA.

MAUGUINIÈRE DE LA.

MEGUERIN DE. Eusèbe de Brégel, député aux États de Bretagne en 1649.

MENARD.

MENEUST LE.

MESNIL DU. « J'ay reçeu d'une lettre d'échange tirée sur Jean et Julien du Mesnil 400 livres. »

MENUBOYS DU.

MIGNART. P. 18.

MINGUIÈRE BOULLAY DE LA. Procureur en la Cour.

MITTERYE DE LA.

MONTAIGNE DE LA. P. 20.

MONTBESLEU DE.

MONTHIERRY DE. « Pour avoir retiré de maître Jean Le Roy une promesse qu'il portait sur le sieur de la Fontaine, touchant les rôles des rentes deues

> à la Chastellenie de la Fontaine, attendu que le sieur de Monthierry demande à Madame de Loazance des rentes depuis un long temps, pour la portion de pré, de quoy elle jouit à la Landronnière. »

MOREL. Huissier.

MOULLINS DES.

MUSSARDIÈRE. « Le 8 octobre 1644, j'ai presté à mon cousin Mussardière de Romazy la somme de 23 livres. »

N.

NOE DE LA.

NORMAND.

P.

PARC DU. P. 28.

PAULMIER DE LA TOUCHE. Advocat.

PAUTHONNIER. « Payé à un appelé Pauthonnier trois livres dix-huit sols. »

PAYS DE LA BRIMANIÈRE LE. *Père de René Le Pays, écrivain malmené par Boileau*. P. 20, 21, 25, 32. (Voir dans l'anthologie des Poètes bretons du XVIIe siècle, éditée par la Soc. des Bibliophiles Bretons en 1884, le portrait de ce poète et l'article signé de Gourcuff).

PELLÉ VILLEGEBERT.

PEROUZEL.

PERRAY LE MANANT DU. Procureur au Siège.

PETIT BOIS DU.

PETIT PONT DU.

PIAUC.

PICHARDIÈRE DE LA. « Reçeu trois cent soixante-six livres, pour le principal de notre deu, en la succession de deffunts Pichardière et femme. »

PICHONNAYS DE LA.

PICQUET DE LA MOTTE.

PIEL.

PILLAYE DE LA.

PITHAYE DE LA.

PLESSIX DU.

POLISSE RENÉ.

POULARD DE LAILLERYE. P. 36.

PROUDOMME.

PROVOST.

R.

RAGUINDEL. « Le 19 novembre 1644, Madame de Loazance a reçeu de Thomas Raguindel, la somme de 22 livres à valoir sur le terme de la Saint-Jean dernière de la ferme qu'il tient d'elle.

RAY LE. « A maître Jean le Ray pour ses écritures, trente-six livres. »

RENAULT DE LA GODERIE.

RENAULT LES VAUX. « J'ay payé à Jean Renault les Vaux, pour la journée qu'il fut témoin pour mon frère Loazance contre la Provost. »

RICHARD. Sieur de Tahan.

RICHARDIÈRE DE LA.

ROUABERYE DE LA.

ROCHER.

ROCHES DES. Advocat.

RONCE DE LA. « Le 22 avril 1645, j'ai reçeu de Michel de la Ronce, la somme de huit livres 14 sous, pour des rentes, que Imbert Lucas son beau-père, debvait à l'abbaye de Rillé, au temps que Mr de Loazance était fermier.

ROUGERYE DE LA. Sergent.

ROULLARDIÈRE DE LA.

ROULLIÈRE DE LA. Apothicaire. p. 11.

ROUSSEAU.

ROUMY.

ROUSSELIÈRE DE LA. « J'ay payé à Mr de la Rousselière, dix livres 10 sols pour 30 messes.

ROYER. Prêtre.

S.

SALIOU DE.

SALLIET.

SAUVAIGEAU. Sr du Clos.

www.ingramcontent.com/pod-product-compliance
Lightning Source LLC
LaVergne TN
LVHW021718080426
835510LV00010B/1035